Johannes vom Kreuz

Teresa von Avila

An die ewige Schönheit

Sämtliche Gedichte

AF221124

Johannes vom Kreuz

Teresa von Avila

An die ewige Schönheit

Sämtliche Gedichte

Schätze der christlichen Literatur

Band 24

Impressum:
© 2020 Conrad Eibisch (Hrsg. u. Bearb.)
Herstellung und Verlag: BoD – Books on Demand, Norderstedt.
ISBN: 978-3-75198-448-5

Vorrede.

SCHON seit einer Reihe von Jahren haben namhafte Schriftsteller Deutschlands sich vielfach mit dem Studium der Werke des heiligen Johannes vom Kreuz und der heiligen Teresa von Avila befaßt und durch Übersetzungen dieselben einem größeren Publikum zugänglich zu machen gesucht.

Insbesondere aber sind es die Gedichte der beiden Heiligen, die sich durch Eleganz der Form, Tiefe des Gehaltes und Schwung der Begeisterung in so vorteilhafter Weise auszeichnen, daß sie einen hohen Rang unter den schönsten Blüten der Glanzperiode der spanischen Literatur einnehmen.

Die vorliegende Sammlung enthält meines Wissens sämtliche Gedichte, welche uns von dem *Adler unter den Mystikern* und der *seraphischen Jungfrau,* wie die beiden Heiligen wohl genannt werden, noch übrig geblieben sind. Damit man sich von diesen beiden Seelen, deren Andenken bei der Nachwelt durch ihre heilige Freundschaft und durch dasselbe rege Wirken im Weinberg des Herrn so eng verknüpft ist, daß der Name Johannes vom Kreuz sogleich die Erinnerung an Teresa weckt, ein vollständigeres Bild gestalten könne, halte ich eine kurze Skizze ihres Lebens für nicht überflüssig, obwohl dasselbe der Mehrzahl der Leser schon hinlänglich wird bekannt sein.

Johannes vom Kreuz wurde im Jahre 1542 zu Fontibere bei Avila in Altkastilien geboren, wo sein Vater ein Leinenweber, mit seiner Familie dürftig lebte. Nach des Gatten frühem Tode zog die Mutter, Katharina Alvarez mit ihren drei kleinen Kindern, von denen Johannes das jüngste war, nach Medina del Campo. Dort nahm der Verwalter des Spitals, erbaut von der Andacht des Knaben, ihn zur Bedienung der Kranken bei sich auf und sorgte für seine Bildung in dem dortigen Kollegium der Jesuiten.

Nachdem Johannes, als Jüngling von 21 Jahren, zu Medina in den Orden der Karmeliter getreten war, wurde er in das Kloster zu Salamanca geschickt, um seine Studien zu vollenden, und im Jahre 1567 zum Priester geweiht. Kurze Zeit nachher traf ihn zu Medina die heilige Teresa und erkannte in ihm, der schon früher, um strengeren Ordensregeln unterworfen zu sein, das Gelübde der Karthäuser abzulegen den Entschluß gefaßt hatte, ein geeignetes Werkzeug zur Verbesserung des Karmeliterordens. Sie entdeckte ihm ihr Vorhaben und richtete, um seine Unterstützung bei der Ausführung desselben zu erlangen, so dringende Bitten an ihn, daß er ihrem Wunsch, seinen früheren Entschluß aufzugeben, unter der Bedingung nachzukommen versprach, daß der Mangel an einem zweckdienlichen Kloster in nicht gar zu langer Zeit gehoben würde. Durch die Schenkung eines adligen Herrn ward Teresa nicht lange nachher in den Stand gesetzt, ein Kloster zur ersten Aushilfe in dem Dorf Durvelle gründen zu können. Dort erneuerte am ersten Sonntag des Advents 1568 mit anderen Ordensbrüdern Johannes sein Gelübde, erhielt anstatt von St. Matthias, wie er früher hieß, den Beinamen *vom Kreuz* und wurde, als der erste unbeschuhte Karmeliter, zum Prior des neuen Ordens ernannt.

Der Unwille der Karmeliter der gemilderten Observanz, welcher durch Teresas Verbesserung erregt worden war, wuchs indes von Tag zu Tag und artete im Jahre 1576 in eine so heftige Verfolgung aus, daß der Pater Johannes vom Kreuz in ein Gefängnis geworfen wurde. Mit der größten Geduld und Gottergebenheit erlitt er nun die herbsten Kränkungen und die bitterste Schmach seiner Feinde und schuf jene herrlichen Gesänge, in denen, wie der Adler zur Sonne, sein Geist zur Gottheit sich emporschwang, während sein irdisches Auge von der Finsternis des Kerkers umnachtet und sein Leib durch harte Geißelhiebe und dürftige Nahrung zerrüttet war.

Nach seiner Befreiung, die nach neun Monaten erfolgte, ward er Vorsteher des Klosters zum Ölberg, stiftete 1579 das Kloster von Baeza, wurde zwei Jahre nachher Vorsteher des Klosters zu Granada, 1585 Provinzialvikar von Andalusien und 1588 erster Ordensdefinitor.

Bei Abhaltung eines Ordenskapitels zu Madrid im Jahre 1591, auf welchem Johannes noch bestehende Mißbräuche des Ordens rügte, erhob sich jedoch ein neuer Unwille, infolge dessen er aller seiner Würden im Orden beraubt wurde. Freudig ertrug er auch die-

se neue Demütigung und nahm als einfacher Ordens-
mann seine Wohnung im Kloster zu Pegnuela. Dort
vollendete er seine mystischen Schriften.

Bald nachher von einer Krankheit ergriffen, ließ er
sich in das Kloster von Ubeda bringen, um in der
Nähe des dortigen Priors, der ihm feindlich gesinnt
war, in weiteren Leiden sich zu üben. Er starb
daselbst am 14. Dezember 1591 mit den Worten:
„Herr! in deine Hände empfehle ich meinen Geist."
Im Jahre 1726 wurde er kanonisiert.

Teresa von Avila wurde 1515 zu Avail in Alt-
kastilien geboren. Ihr Vater, Alsonso Sanchez de
Cepeda, war nach dem Tode seiner ersten Gattin,
Katharina del Peso y Enao, welche ihm drei Kinder
geboren hatte, zu einer zweiten Vermählung mit
Beatrice de Ahumada geschritten, deren Familie,
gleich der seinigen, seit langer Zeit durch Adel der
Gesinnung, wie des Blutes in sehr hohem Ansehen
stand. Von den neun Kindern dieser zweiten Ehe ist
Teresa das dritte. Schon in einem Alter von sieben
Jahren äußerte sich ihr frommer Sinn, geweckt
durch die Lebensbeschreibungen der Heiligen, in
auffallender Weise, wie sie dies in ihrer Selbstbiographie mitteilt. Teresa wollte nämlich mit ihrem
etwas jüngeren Bruder Rodrigo, den sie besonders
liebte, in das Gebiet der Mauren pilgern, um dort den
Märtyrertod zu erleiden. Schon waren sie außerhalb
des Stadttores, als glücklicherweise ein Onkel die

beiden Kinder traf und in das väterliche Haus zurückführte.

Nach dem Tode der Mutter ward die fernere Erziehung des 14jährigen Mädchens den Augustinernonnen in Avila von dem gottesfürchtigen Vater anvertraut, um ihr zartes Herz vor den Einflüssen einer sittlich gesunkenen Verwandten zu schirmen. Schon damals faßte Teresa den Entschluß, der Welt zu entsagen und brachte denselben nach ihrer Genesung von einer schweren Krankheit, während welcher sie in dem Haus des Vaters verweilt hatte, zur Ausführung. Im Kloster der Menschwerdung legte sie 1534, ein Jahr nach ihrem Eintritt, das Gelübde des Karmeliterordens ab und erhielt den Beinamen *von Jesus*.

Ihre fernere Lebenszeit, in welcher sie vielfach an schweren körperlichen Leiden darniederlag, bildet eine ununterbrochene Kette harter Abtötungen und geistlicher Übungen; darin fand sie einzig die Befriedigung ihres sehnlichsten Verlangens, welches sich oft in den Worten: „Herr! leiden oder sterben!" kund gab und dessen Ausdruck mit der anziehendsten Innigkeit in der *Glosse Nr. II* niedergelegt ist. Ihr Wirken nach außen hin war besonders auf die Verbesserung des Karmeliterordens gerichtet, und dieses öffnete ihr eine andere Schule zur Vervollkommnung, in welcher sie die verschiedensten Widerwärtigkeiten und Kränkungen ertragen lernte.

Im Jahre 1562 gründete sie in ihrer Vaterstadt das erste Karmeliterkloster, welcher Stiftung in dem kurzen Zeitraume von 20 Jahren noch 17 andere, unter denen zwei Mannsklöster sind, folgten.

Im Jahre 1571 wurde ihr die Leitung des Klosters der Menschwerdung zu Avila anvertraut. Von ihrer großen Fähigkeit, Verhältnisse zu durchschauen und zu ordnen, liefern ihre zahlreichen Briefe, welche an damals lebende Personen der verschiedensten Stände gerichtet sind und denselben in schwierigen Lagen Rat erteilen, den sichersten Beweis. Von ihren übrigen Schriften, unter denen die schon erwähnte Selbstbiographie bis zum Jahre 1562 und das Werk über ihre Klosterstiftungen schätzbare Mitteilungen aus ihrem inneren und äußeren Leben enthalten, verdient „die Seelenburg" besonders hervorgehoben zu werden; alle sind auf ausdrücklichen Befehl ihrer Oberen verfaßt worden.

Im Jahre 1581 wurde sie zur Priorin ihrer ersten Stiftung von St. Joseph in ihrer Vaterstadt ernannt. Im folgenden Jahre kam sie von ihrer letzten Klostergründung in Burgos erkrankt in Alba an und starb nach 14tägigem Krankenlager am Abend des 4. Oktober 1582.

Am folgenden Tag, dem verbesserten Kalender gemäß, am 15. Oktober, fand die feierliche Bestattung ihrer irdischen Hülle statt. Im Jahre 1622 wurde sie kanonisiert.

Der heilige Johannes von Kreuz.

I.
An den Flüssen von Babylon.
(Psalm 136.)

An dem Ufer jener Ströme,
Die in Babel sich ergießen,
Saß ich nieder und zur Erde
Ließ ich meine Tränen fließen.

Dein gedacht' ich, meine Sion,
Meiner Seel' alleinig Minnen,
Und dein süß Gedenken machte
Reicher meine Tränen rinnen.

Meine Festgewande ließ ich,
Barg in Leidgewand die Glieder,
An die grünen Weiden hängt' ich
Stumm und still das Spiel der Lieder;

Ließ es ruhen in dem Sehnen,
Das in dir nur findet Frieden;
Dort hat Liebe mich verwundet
Und das Herz von mir geschieden.

Ich beschwor sie, mich zu töten,
Weil sie solche Wunden bringe,
Und ich warf mich in die Flamme,
Wissend, daß ich drin verginge;

Pries das Vöglein, das zum Opfer
Bringt den Flammen sein Gefieder,
Gab in mir dem Tod anheim mich,
Fand in dir den Odem wieder;

Starb in mir durch dich mir selber,
Ward durch dich erweckt zum Lichte;
Leben schuf dein Angedenken
Mir und macht' es mir zunichte.

Es ergötzten sich die Fremden,
Die mit Banden mich umstrickten,
Und verlangten die Gesänge,
Welche Sion einst erquickten:

„Sing' uns einen Sang von Sion,
Laß uns sehen, wie er klinget!" –
Sagt, wie säng' ich, wo um Sion
Mir die Trän' ins Auge dringet,

In der Fremde, jene Wonne,
Die in Sion mir geblieben?
Sie vergäß' ich, wenn ich wollte
Freuden in der Fremde lieben.

Mög' auf immerdar der Gaumen
Die verdorrte Zunge binden,
Wenn mir je dein Angedenken
Konnten in der Fremd' entwinden,

Sion! jene grünen Zweige,
Welche Babel mir beschieden;

Mein vergesse meine Rechte,
Die zumeist ich liebt' hienieden,

Wenn ich deiner nicht gedenke,
Wo ich Freudenkränze schlinge,
Wenn ich einen Festtag halte,
Den ich ohne dich beginge.

Tochter Babels, unglücksel'ge
Und von Elend hart umstrickte!
Preisen darf sich der glückselig,
Der auf jenen hoffend blickte,

Der dir einst verhängt die Rute,
Der aus deiner Hand entrissen
Und gesammelt seine Kinder,
Und auch mich aus Kümmernissen,

Auf den Fels des Heiles – Christus,
Der die Bande mir zerrissen.

———————

II.
Der Hirt.

Ein junger Hirt steht einsam und in Zagen,
Dem Frieden fern und fern glücksel'gem Minnen;
Bei seiner Hirtin weilt sein ganzes Sinnen,
Sein Herz belasten schwer der Liebe Plagen.

Nicht weint er, weil ihm Wunden hat geschlagen
Die Lieb'; er klaget nicht ob herben Schmerzen,
Wenn er verwundet gleich im tiefsten Herzen;
Er weint, weil sie nicht Sorg' um ihn getragen.

Denn nur, weil keine Sorg' um ihn getragen
Die schöne Hirtin, duldet er Beschwerde,
Läßt sich mißhandeln auf der fremden Erde,
Das Herz belastet von der Liebe Plagen.

Wie bin ich, Armer! spricht er, zu beklagen!
Um sie, die meine Liebe stolz gemieden,
Nicht kosten wollte meiner Nähe Frieden,
Aus Lieb' um sie belasten mich die Plagen.

Ans Kreuz erhob er sich nach vielen Tagen,
Und an den schönen Armen, weit erschlossen,
Hat hangend er den letzten Hauch ergossen,
Das Herz belastet von der Liebe Plagen.

––––––––––

Romanzen über das Evangelium:
Im Anfang war das Wort. Joh. I.

I.
Das Geheimnis der Dreieinigkeit.

In dem Anfang war das Wort,
Und es lebt' in Gottes Schoße,
Und in Gott besaß es ewig
Seligkeit, unendlich große.

Und das Wort war Gott, der Anfang
Als Benamung angenommen;
In dem Anfang war und weilt es
Und hat Anfang nicht genommen.

Es war selbst der Anfang, darum
War's des Anfangs überhoben;
Und das Wort wird Sohn benamet,
Der dem Anfang sich enthoben.

Immerdar gebärend hat er
Immerdar ihn eingeboren;
Immer gibt er ihm sein Wesen
Und behielt es unverloren.

Also gründet in dem Vater
Alle Herrlichkeit dem Sohne;
Und im Sohn besaß der Vater
Aller Herrlichkeiten Krone.

Beide ruhten als Geliebter

In dem Liebenden beschlossen;
Diese Liebe, die sie einet,
Ist gesamt in Eins geflossen

In den dritten, dem der beiden
Wesenheit und Macht inwohnen;
Unter allen dreien war nur
Ein Geliebter, drei Personen.

Eine Lieb' hat sich aus allen
Einen Liebenden gewonnen;
Der da liebt, ist der Geliebte,
Worin jeder lebt' in Wonnen.

Denn das Wesen aller dreie
Ist es, das in jedem wohnte;
Und von ihnen liebt ein jeder
Den, in dem dies Wesen thronte.

Dieses Wesen ist ein jeder,
Und nur dies hielt sie umwoben
In geheimnisvollem Bande,
Das kein Wort zu Tag gehoben.

Drum war schrankenlos die Liebe,
Die sie hielt in Eins beschlossen;
Weil die eine Lieb' in dreien,
Hat sie sich so reich ergossen.

2.
Die Mitteilung der drei Personen.

In der unermeß'nen Liebe,

Die den beiden ist entsprungen,
Sind vom Vater zu dem Sohne
Festlichhehre Wort' erklungen;

Worte solchen Hochentzückens,
Daß sie keiner konnt' erkunden;
Nur dem Sohn galt ihre Wonne,
Er allein hat sie empfunden.

Aber was davon erschlossen,
Lautet so für Menschenzungen:
Nichts, o Sohn, gibt mir Genüge,
Als der Bund, den wir geschlungen.

Und genügt mir etwas, liebt' ich's,
Weil in dir ich es gefunden;
Höher stieg mein Wohlgefallen,
Wenn es inn'ger dir verbunden.

Was in nichts mit dir vergleichbar,
Kann auch nichts in mir bekunden;
Denn in dir, du meines Lebens
Leben, hielt ich mich umwunden.

Du bist Licht von meinem Lichte,
Bist mein Wißtum; ewig ruhte
Ich in dir, dem Ebenbilde
Meines Wesens, meinem Gute.

Dem will ich mich selber geben,
Der dich warb zum Liebesbunde,
Und der Reichtum deiner Liebe
Gegen mich werd' ihm zum Pfunde,

Weil er dem sein Lieben weihte,
Den mein Lieben kor zum Bunde.

3.
Die Erklärung.

Eine Braut will ich dir geben,
Deren Liebe dich begleite,
Die durch deinen Wert verdiene,
Daß ihr werd' ein groß Geleite,

Und sie kost' an einer Tafel
Von dem Brot, das meine Speise,
Ihr zum Zeugnis, welche Güter
Mir in solchem Sohn zum Preise,

Daß mit mir sie mög' ob deiner
Kraft und Huld sich selig preisen. -
Hohen Dank will ich dir, Vater!
Also sprach der Sohn, erweisen;

Will der Braut, die du mir wählest,
Meine Klarheit all' entschleiern,
Daß an ihr sie meines Vaters
Herrlichkeiten lerne feiern;

Lerne, wie von seinem Wesen
Ich mein Wesen nahm zu eigen;
Mir am Herzen soll sie lehnen,
Auf zu dir in Liebe steigen

Und in ewigem Entzücken

Deiner Huld sich huld'gend neigen.

4.
Die Schöpfung.

Und der Vater sprach: Es werde!
Deine Liebe darf's verlangen;
Und in dieses Wortes Ausspruch
War die Welt hervorgegangen;

Für die Braut in großer Weisheit
Aufgebauet zum Palaste,
Der, geteilt nach Höh' und Tiefe,
Zwei Gemächer in sich faßte.

Unterschiede wählt' er zahllos,
Daß im untern sie sich scharten,
Und das obere verklärte
Lichtgestein in allen Arten.

Und damit die Braut die Hoheit
Ihres Bräut'gams möcht' erfahren,
Gab im obern Rang und Ordnung
Er der Engel heil'gen Scharen.

Aber die Natur der Menschen
Stellt' ins Unt're Gottes Walten,
Darum, weil sie in Gestaltung
Etwas mindern Wert entfalten.

Doch wenn Sein und Ort' auch ungleich,
Die er ihnen zuerkannte,

Sind sie alle doch ein einz'ger
Leib der Braut, die er ernannte.

Denn des einen Bräut'gams Liebe
Schuf sich eine Braut aus allen:
Die der Höh' besaß der Bräut'gam
In dem höchsten Wohlgefallen

Und die untern, auf den Glauben
Hoffend, welchen sie empfangen
In dem Wort, daß sie zur Hoheit
Sollten einst durch ihn gelangen;

Denn er werde selber einstens
Ihre Armut also adeln,
Daß fortan der Wesen keines
Diese Armut werde tadeln;

Weil er ihnen einst in allem
Ähnlich werde sich gestalten
Und in ihre Mitte treten
Und bei ihnen Wohnung halten;

Weil zum Menschen Gott sich werde
Und zum Gott der Mensch sich wandeln,
Speis' und Trank mit ihnen teilen
Und in ihrer Weise handeln,

Unter ihnen als derselbe
Werde bleiben alle Tage,
Bis dies Weltenalter ankommt
Bei dem letzten Stundenschlage.

Dann wird Tief' und Höh' in ew'gen
Melodei'n zusammenstrahlen;
Als ihr Haupt wird also heben
Er die Braut aus Erdentalen.

Alle Glieder der Gerechten
Wird er ihr sich einen lassen,
Weil der Leib sie seiner Braut sind,
Die mit Inbrunst er umfassen

Wird und Liebe spendend halten
Dort im Arm, die Liebewarme,
Und mit den vereinten Gliedern
Heben in des Vaters Arme;

Wo sie im Genuß der Wonne,
Die Gott selbst genießt, wird prangen,
Die der Vater, Sohn und Geist ist,
Der von beiden ausgegangen.

Einer lebet in dem andern,
So auch wird's die Braut erlangen,
Daß sie Gottes Leben lebet,
In der Gottheit aufgegangen.

5.
Die Erwartung.

Als die freudenreiche Hoffnung
Aus der Höh' herabgestiegen,
Konnten leichter ihrer Mühen
Herben Mißmut sie besiegen;

Doch die wachsende Begierde
Und der Hoffnung müdes Ringen,
Sich des Bräut'gams zu erfreuen,
Konnten ihnen Leid nur bringen,

Drum in tiefer Nacht entsandten,
Und wenn kam der Tag geschritten,
Seufzend, weinend, weheklagend,
Sie in Todesangst ihr Bitten:

Seine Gegenwart nun mög' er
Zu verleihen sich bestimmen.
Ein'ge sprachen: Möcht in meiner
Zeit der Freudentag entglimmen!

And're sprachen: Herr, vollende!
Wen du schicken mußt, den schicke!
And're: Wolle doch die Himmel
Gnädig auftun und dem Blicke,

Dem beglückten, niedersteigen,
Daß die Träne nicht mehr fließe;
Tauet Wolken aus der Höhe,
Daß der Erd' er nun entsprieße;

Daß sich öffne nun die Erde,
Die gebar nur Dorngeschlinge,
Und die Blume der Erneuung
Ihrem Schoße nun entspringe.

And're sprachen: O des Sel'gen,
Dem die frohen Tag' erschienen,

Der mit eig'nen Augen könnte
Gott zu schauen sich verdienen,

Mit der Hand ihn zu berühren,
Zu begleiten seine Tritte,
Zu empfah'n des neuen Heiles
Spenden in der Seinen Mitte.

6.

Die Nähe.

Über solch und and're Bitten
Schwand geraume Zeit den Frommen;
Aber mächt'ger ward die Sehnsucht,
Als die letzte Zeit gekommen;

Als der alte Simeon,
Vor Verlangen heiß entbronnen,
Bat den Herrn, er woll' ihn schauen
Lassen diesen Tag der Wonnen;

Und der heil'ge Geist dem guten
Greise gab zum Pfand die Worte,
Daß sein Auge solle schauen
Eher nicht des Todes Pforte,

Bis er hab' erschaut das Leben,
Das herniederstieg von oben,
Und mit seinen eignen Händen
Hätte Gott emporgehoben

Und umfangen mit den Armen,

Selbst von seinem Arm umwoben.

7.
Nächster Ratschluß der Menschwerdung.

Aber in der Zeiten Fülle,
Als die Braut nun sollt entrungen
Werden jenem harten Joche,
Das sie hielt so lang umschlungen

Unter dem Gesetz, das Moses
Kund getan im alten Bunde,
Klangen Worte zarter Liebe
Also von des Vaters Munde:

Sohn! du siehst, ich schuf nach deinem
Bild die Braut, die dir verbunden,
Die in allem, was dir gleichet,
Deiner würdig du gefunden.

Durch das Fleisch nur ist sie ungleich
Deines Wesens laut'rem Grunde;
Alle Liebe, die vollkommen,
Gibt von dem Gesetze Kunde:

Ähnlich der Geliebten werde,
Wer ihr darbringt Huldigungen;
Höh're Wonne quillt, wo Wesen
Höh'rer Einklang ist gelungen.

Deine Braut fürwahr auch würdest
Du zu höh'rer Wonne rufen,
Wenn ins Fleisch du niederstiegest,

Worin wir sie einst erschufen. –

Sieh! mein Wollen ist das deine;
Also ist's vom Sohn erklungen;
Und mein Ruhm, daß in dem deinen
Meines ruht in Eins geschlungen.

Was gesprochen deine Hoheit,
Wird, o Vater! zum Berufe
Deinem Sohn, damit man schaue
Deiner Gnaden höchste Stufe.

Deine Macht und Weisheit komme
Und Gerechtigkeit zur Kunde;
Gehen will ich und ein Zeugnis
Geben auf dem Erdenrunde,

Deiner Herrlichkeit ein Zeugnis,
Deiner Schöne, deiner Hulden,
Geh'n, die Braut dort heimzusuchen
Und statt ihrer selbst zu dulden

Ihre Müh'n und Bürden, alles,
Was ihr schlug so manche Wunde;
Will, das Leben ihr zu geben,
Selber seh'n die Todesstunde

Und zu dir hinauf sie leiten,
Sie errettend aus dem Schlunde.

8.
Die Verkündigung.

Gabriel, den hohen Engel,
Hieß er vor dem Thron erscheinen
Und entsandt ihn auf die Erde
Zu Maria, zu der Reinen.

Das Geheimnis ward vollendet,
Wie die Magd ihn hold bescheidet,
Und in ihr von der Dreieinheit
Mit dem Fleisch das Wort bekleidet.

Dreier Tun ist's, doch ihr Wille,
Daß die Tat dem Einen bleibe;
Und das Wort ist Fleisch geworden
In Mariens heil'gem Leibe.

Und es nahm der Sohn des Vaters
Auch die Mutter nun zu eigen;
Aber nicht durch Mannes Samen,
Dem die Sterblichen entsteigen.

Aus Mariens Schoß, der Jungfrau,
Nahm er sich das Fleisch zum Kleide;
Drum des Menschen Sohn und Gottes, –
Trägt er auch die Namen beide.

9.
Die Geburt.

Als die Fülle kam der Zeiten,
Wo die Welt ihn sollt empfangen,

Kam er wie ein Anvermählter
Aus dem Brautgemach gegangen,

Arm in Arm mit der Vermählten,
Die mit ihm betrat die Pfade,
Und in eine Krippe legte
Ihn die Mutter voll der Gnade

Zwischen Tiere, so zu jener
Jahreszeit gestallt dort waren;
Menschen sangen Dankeslieder,
Melodein der Engel Scharen,

Um zu feiern die Vermählung,
Die ein solches Paar begangen;
Aber Gott im Kripplein klagte,
Tränen perlten von den Wangen,

Perlen, die zur Hochzeitsfeier
Von der Braut er sollt' empfahen;
Und die Mutter staunt, als solchen
Selt'nen Tausch die Augen sahen:

In dem Menschen Himmelsfreude
Und in Gott des Menschen Klage,
Was dem einen, wie dem andern
Fremd war bis zu diesem Tage.

———

IV.
Der ewige Quell.

Wie gut weiß ich den Quell, der strömt und eilet,
Wenn's gleich bei Nacht ist;

Den ew'gen Quell, der im verborg'nen gehet,
Wie gut weiß ich, wo seine Wohnung stehet,
Wenn's gleich bei Nacht ist.

Ich weiß, kein Ding kann gleiche Schönheit
    haben,
Und daß in ihm sich Erd' und Himmel laben,
Wenn's gleich bei Nacht ist.

Wohl weiß ich, daß kein Grund in ihm sich findet,
Und keiner ihn mit Namen jemals kündet,
Wenn's gleich bei Nacht ist;

Daß Schatten seine Klarheit nie umfangen,
Und weiß, daß alles Licht aus ihm ergangen,
Wenn's gleich bei Nacht ist.

Weiß, daß so reich sein Strom sich hebt und
    senket,
Daß er die Himmel, Höllen, Erden tränket,
Wenn's gleich bei Nacht ist.

Weiß, daß der Strom, der diesem Quell entfließet,
In gleicher Füll' und Allmacht sich ergießet,
Wenn's gleich bei Nacht ist.

Dem Strome, der aus diesen zwei'n hervorgeht,

Ich weiß, daß keiner ihm der beiden vorgeht,
Wenn's gleich bei Nacht ist.

Den ew'gen Quell, auf daß uns Leben quille,
Umschließt hier des lebend'gen Brotes Hülle,
Wenn's gleich bei Nacht ist.

Hier lädt er ein die Wesen; seine Welle
Ersättigt sie, wenn gleich an dunkler Stelle,
Dieweil's bei Nacht ist.

Und der lebend'ge Quell, den ich erflehe,
Ist's, den in diesem Lebensbrot ich sehe,
Wenn's gleich bei Nacht ist.

———————

V.
Der Aufschwung.

Von der Liebe Schwung getragen
Und an Hoffnung nicht geringe,
Stieg so hoch, so hoch die Schwinge,
Daß den Fang ich faßt im Jagen.

Um in diesem heil'gen Streite
Meine Beute zu ersiegen,
Mußt' ich solche Höh' erfliegen,
Daß mein Ich mir schwand in's Weite;

Und gleichwohl in diesem Wagen
Blieb mein Fliegen nur geringe,
Doch ging hoch der Liebe Schwinge,
Daß den Fang ich faßt' im Jagen.

Als ich höher mich gehoben,
Ward mein Angesicht geblendet,
Und der Sieg ward erst vollendet,
Als mein Auge Nacht umwoben;
Doch von Liebesschwung getragen –
Wie in blinder Nacht ich springe,
Stieg so hoch, so hoch die Schwinge,
Daß den Fang ich faßt' im Jagen.

Wie viel höher ich geschwungen
Ward in diesem Aufwärtssteigen,
So viel tiefer fühlt ich neigen
Mich, von Schwäche ganz bezwungen.
Keiner, sprach ich, wird's erjagen,

Und mich stellt' ich so geringe,
Daß so hoch aufstieg die Schwinge,
Daß den Fang ich faßt' im Jagen.

Tausend Flüg' in selt'ner Weise
Hat ein Flug mir übertroffen;
Denn wie viel ein himmlisch Hoffen
Hoffet, das wird ihm zum Preise.
Hoffnung hab' ich nur getragen
Diesem Schwung und nicht geringe;
Denn es stieg so hoch die Schwinge,
Daß den Fang ich faßt' im Jagen.

————————

VI.
Die höchste Wissenschaft.

Trat einst ein; wo, – war mir dunkel;
Stieg, weil Wissen sank zu Grunde,
Über alles Wissens Kunde.

Trat einst ein auf dunkler Schwelle
Aber als ich dorten stand
Ohne Kenntnis jener Stelle,
Hab' ich große Ding' erkannt;
Nie verkünd' ich, was ich fand;
Denn es sank in mir zu Grunde
Alles Wissen.

Frieden war, Gottseligkeit
Jenes Wissen, war vollkommen;
In der tiefen Einsamkeit
Hab' ich von dem Pfad der Frommen
Solch Geheimnis überkommen,
Daß zum Stammeln ward im Munde
Alles Wissen.

Vom Geheimnis so umfangen
Lag mein Wesen, so versenket,
Daß der Erdensinn vergangen
War mit allem, was er denket,
Und dem Geiste ward geschenket
Ein Verstehen durch Unkunde
Alles Wissens.

Wer dorthin gelangt in Wahrheit,

Ist dem eig'nen Ich entrissen;
Seines Wissens erste Klarheit
Liegt ihm tief in Finsternissen,
Und es steigt so hoch sein Wissen,
Daß ihm sinket ganz zu Grunde
Alles Wissen.

So viel tiefer sinkt's in Eile,
Wie viel höher er sich schwinget;
Denn es ist die Wolkensäule,
Die das Licht der Nacht verschlinget;
Wer ihr Wissen sich erringet,
Dem sinkt ewiglich zu Grunde
Alles Wissen.

Jenes Wissen ohne Wissen
Ist von also hoher Kraft,
Daß der Weise nie mit Schlüssen
Ein so hohes sich beschafft;
Denn nie leistet Wissenschaft,
Zu verstehen durch Unkunde
Alles Wissens.

Also hoch ist und erhaben
Diese höchste Wissenschaft,
Daß mit keiner Weisheit Gaben
Ihr Verständnis wird errafft;
Wie auch könnte Wissenskraft
Siegen, wenn ihr sank zu Grunde
Alles Wissen!

Soll ich nun es euch vertrau'n,

Wie dies Wissen sich behabe?
Darin ruht's, daß höh'res Schau'n
Sich in Gottes Wesen labe;
Darum ist es Gnadengabe,
Daß wir steigen durch Unkunde
Über alles Wissens Kunde.

———————

VII.
Die dunkle Nacht.

Bei Nacht, in tiefer Stille
Bin ich mit liebeglühendem Verlangen,
(O holden Glückes Fülle!)
Bin unbelauscht, voll Bangen,
Als schon der Schlummer meine Hütt'
    umfangen,

Bei Nacht, in sich'rer Hülle,
Leis die geheime Stieg' hinaufgegangen,
(O holden Glückes Fülle!)
Bei Nacht, in Flor verhangen,
Als schon der Schlummer meine Hütt'
    umfangen.

Bei Nacht ging ich zum Glücke
Geheime Pfade, die kein Späher kannte,
Nur Schatten vor dem Blicke;
Kein Stern, der Licht mir sandte,
Als jener, der mir hell im Herzen brannte.

Das Licht der Mittagswarte
Führt sich'rer nicht, als dies, das mich entsandte
Dorthin, wo liebend harrte
Auf mich der Wohlbekannte, –
Zum Ort, wohin kein fremder Fuß sich wandte.

O Nacht, du mein Geleite!
Holdsel'ger, als der Tag, der strahlend kehrt,
Die mich dem Bräut'gam weihte,

Der so die Braut geehret,
Daß er sie in sein Wesen hat verkläret.

An meines Busens Blüte,
Die ihm allein ich ganz geschenkt zu eigen,
Entschlief der Wonnerglühte;
Und ich, mit sanftem Neigen,
Erlabt' ihn kühlend mit den Zedernzweigen

Als um die Morgenstunde
Der Zinne Luft in seine Locken hauchte,
Da schlug mir eine Wunde
Die Hand, die hocherlauchte,
Im Nacken, so die Sinn' in Ohnmacht tauchte.

Hin sank ich todestrunken,
Mein Antlitz ließ ich an den Liebsten lehnen;
Die Welt war mir versunken,
Mein Sorgen und mein Sehnen,
Begraben lag's im Lilienbett, dem schönen.

———

VIII.
Wechselgesang zwischen der Seele und ihrem Bräutigam.

Die Braut.

Geliebter! welche Stelle
Verbirgt dich meinem seufzenden Verlangen?
Ein Hirsch entflohst du schnelle
Als ich die Wund' empfangen;
Ich eilt' und rief dir nach; – du warst gegangen.

Ihr Hirten, die ihr gehet
Zum Hügel dort durch eurer Hürden Erbe!
Wenn ihr ihn etwa sehet,
Um dessen Lieb' ich werbe
Sagt ihm, daß ich erkrank' und leid' und sterbe.

Den Liebsten zu erblicken,
Durchwall' ich Berg' und weite Uferstrecken;
Kein Blümlein will ich pflücken,
Kein Raubtier soll mich schrecken;
Durch Riesen pilgr' ich, durch die letzten
    Flecken.

Ihr Hain' und Waldesschatten,
Von meines Liebsten Hand gepflanzt, begossen!
Ihr grünen Wiesenmatten,
Wo lichte Blumen sprossen!
Durchschritten euch die Füße des Genossen?

Antwort der Geschöpfe.

Viel' tausend Reize taute
Er auf die Hain', als sie durchschritt der
    Schnelle;
Wohin sein Auge schaute,
Da prangte jede Stelle
In seiner Schönheit Abglanz frühlingshelle.

Die Braut.

Wer kann mir Heilung spenden!
O woll' in Wahrheit nun dich mir verbinden
Und nicht mehr Boten senden,
Die nicht versteh'n zu künden,
Was von dem Liebsten gern ich möcht'
    ergründen.

Sie alle bringen Kunde,
Daß tausendfacher Liebreiz dich begleitet,
Und nähren meine Wunde;
Des Todes Not bereitet
Ein Etwas mir, das schwach ihr Stammeln
    deutet.

Doch wie noch kannst du weilen,
O Seele! da du nicht lebst, wo dein Leben?
Da du dir schärfst zu Pfeilen,
Um dir den Tod zu geben,
Jedwede Kunde, die du magst erheben.

Soll in der Wunden Schmerze,

Die du ihm gabst, ohn' Heil mein Herz
   verschmachten?
Da du geraubt mein Herze,
Warum nach ihm nicht trachten,
Warum den Raub, den du geraubt, verachten?

Nimm du von meinen Brauen
Den Kummer, des mich niemand mag
   entbinden;
Laß dich die Augen schauen,
Du bist ihr Licht; erblinden
Mag all' ihr Licht, wenn sie ihr Licht nicht
   finden.

Enthülle deine Nähe,
In deines Anblicks Strahl laß mich zerrinnen;
Denn sieh'! der Liebe Wehe
Kann Heilung nur gewinnen,
Wenn deine Huldgestalt erscheint den Sinnen.

Kristallenreine Quelle!
O wenn mit einmal doch zu der Entzückten
Aus deiner Silberwelle
Empor die Augen blickten,
Die sich so tief in meine Seele drückten.

O wende sie, die süßen!
Ich werd' entrafft.

Der Bräutigam.

Kehr', Taube! sieh' am Bühle

Den wunden Hirsch dich grüßen;
Es weht ihm in der Schwüle
Der Fächer deiner Schwingen linde Kühle.

Die Braut.

Mein Lieb ist zu vergleichen
Dem stillen Haintal, des Gebirges Festen,
Den fremden Inselreichen,
Des Stromes Hall, den Westen,
Wenn hold sie flüsternd kosen mit den Ästen.

Er gleich der weichen Hülle
Der Nacht, wenn schon das Frührot sie
   durchdringet;
Er ist die laute Stille,
Die Musik, die nicht klinget,
Das Mahl, wo Fried' und Liebe sich
   umschlinget

Das Lager hold uns blühet,
Es schirmen Löwenhöhlen seine Grenzen;
Ein Friedenszelt, erglühet
In Purpur, siehst du's glänzen,
Wohl tausend gold'ne Schild es reich bekränzen.

Die Mägdelein mitsammen,
Sie suchen deine Spur auf allen Pfaden,
Erfaßt von deinen Flammen,
Vom Würzweinduft geladen,
Und angehaucht vom Balsam deiner Gnaden.

Ich trank im Kellergrunde
Des Liebsten; – als ich nun zurückgekommen,
War alles in der Runde
Mir auf den Au'n verschwommen,
Und fort die Herde, die ich übernommen.

Dort hub er an die Brust mich
Und schloß mir auf viel wundersel'ge Kunde;
Ich schenkt' in heil'ger Lust mich
Ihm ganz aus Herzensgrunde
Und gab das Pfand ihm zu dem ew'gen Bunde.

Was immer ich besessen,
Ist seinem Dienst geweiht, so Seel' als Sinne;
Die Herd' ist nun vergessen
Und nimmermehr beginne
Ein and'res Werk ich noch, als sel'ge Minne.

Wenn auf den Weidenfluren
Ihr mich nicht mehr erblicket und erlauschet,
Sagt, ich verlor die Spuren,
Sagt, daß ich liebberauschet
Mich selbst verlor, und Hochgewinn ertauschet.

Laß uns Smaragde binden
Und Blumen, von der Frühe Tau umflossen,
Zu lichten Kranzgewinden,
In deiner Lieb' entsprossen,
Von einem meiner Haare fest umschlossen;

Von jenem Haar umstricket,
Das flatternd mir im Nacken du gefunden,

Dort hat es dich entzücket;
Du bliebst daran gebunden;
Eins meiner Augen schlug dir Liebeswunden.

Als du nun auf mich blicktest,
Dein Auge deinen Liebreiz auf mich taute,
Darin du dich entzücktest;
Mein Auge nun getraute
Das anzubeten, was in dir es schaute.

Nicht wolle mich verachten,
War auch mein Antlitz schwarz, wie das des
    Mohren,
Du darfst mich jetzt betrachten;
Seit mich dein Blick erkoren,
Ward ich in Huld und Schönheit neu geboren.

Wollt uns die Füchslein hüten;
Denn schon im Weinberg blühen uns're Reben;
Dieweil von Rosenblüten
Den Zirbelstrauß wir weben,
Soll keiner zum Gebirg' den Fuß erheben.

Stumm, Nord! mit deinem Tosen!
Komm', Südwind! der du lockst zu süßem
    Minnen,
Hauch' an des Gartens Rosen,
Daß rings die Düfte rinnen,
Und der Geliebte labe seine Sinnen.

Der Bräutigam.

Schon ist hinaufgestiegen
Die Braut zum holden Garten, der ihr Sehnen,
Und ruht in Wohlgenügen;
Sie läßt den Nacken lehnen
Hin auf die süßen Arme ihres Schönen.

Am Baum der Frucht, der roten,
Hab' ich in Liebe mich mit dir verbunden,
Dir meine Hand geboten;
Dort solltest du gesunden,
Wo deine Mutter einst empfing die Wunden.

Leicht schwebendes Geflügel,
Ihr Leu'n und Hirsch' und sprunggewandte
    Hinden,
Gestade, Täler, Hügel,
Samt Wog' und Glut und Winden,
Ihr nächt'gen Sorgen, die kein Schlaf kann
    binden:

Beim süßen Saitenklange,
Beim Liede der Sirenen seid beschworen,
Wollt nicht in wildem Drange
Euch nahm der Mauer Toren,
Daß sich'rer schlumm're, die ich auserkoren.

Die Braut.

Du, Judas Nymphenreigen!
Dieweil in Rosen unter Blütenbäumen

(43)

Des Ambra Düfte steigen,
Sollst in der Vorstadt säumen;
Es nahe keine sich den heil'gen Räumen!

Verbirg dich, mein Getreuer!
Hin auf die Berge laß dein Antlitz schauen,
Geheim halt' uns're Feier;
Betrachte deren Auen,
Die durch die Inseln pilgert voll Vertrauen.

Der Bräutigam.

Schon kam das weiße Täubchen
Zur Arche mit dem Ölzweig heimgeflogen;
Schon fand das Turtelweibchen,
Von Liebesweh gezogen,
Den Gatten an dem grünen Bord der Wogen.

Ihr Nest hat sie bereitet
In Einsamkeit, wo einsam sie sich nährte;
In Einsamkeit geleitet
Sie einsam ihr Gefährte,
Den gleiche Lieb' in Einsamkeit verzehrte.

Die Braut.

Laß, Trauter! uns genießen,
Laß uns in deiner Schönheit Wiederscheine
Die Berg' und Hügel grüßen
Und ihrer Quellen Reine
Und eingeh'n in die tiefe Nacht der Haine.

Dann wollen rasch wir gehen
Zu Felsenklüften, die jach aufwärts schießen
Und tief verborgen stehen;
Die sollen uns umschließen,
Indes wir der Granate Most genießen.

Dort wirst du mir es zeigen,
Was immer war der Seele heißes Streben,
Dort schenken bald zu eigen,
Mir alles das, mein Leben!
Was du an jenem Tage mir gegeben:

Der Lüfte sanfte Welle,
Erklingend süß von Nachtigallenchören,
In nächt'ger Sternenhelle
Den Lebenshain, den hehren,
Und Flammen, die mich ohne Schmerz
    verzehren.

Sie sah kein Aug' hienieden,
Aminadab auch brachte nicht Gefahren;
Der Feind am Tor hielt Frieden,
Dieweil die Reiterscharen
Hinunter stiegen zu der Flut, der klaren.

———————

IX.
Gesang, welchen die Seele in der innigsten Vereinigung mit Gott singt.

Lebend'ges Liebesfeuer,
Das mit so süßem Leide
Verwundet meiner Seele tiefste Gründe!
Vollend' und diesen Schleier
(Hast ja an Stolz nicht Freude)
Zerreiß in Huld, daß jede Trennung schwinde.

O Flammenmal, voll Wonnen!
O Wunde, die begnadet!
O holde Hand! Berührung, die berauschet,
Wie Trunk vom Lebensbronnen,
Und aller Schuld entladet:
Hast tötend Tod in Leben umgetauschet!

O lichte Flammensterne!
In deren Strahlenscheine
Des Herzens Tiefe, das in Nacht versenket,
Blind lag in Erdenferne,
In selt'ner Schönheit Reine
Dem Bräutigam nun Licht und Wärme schenket.

Wie du mit sanftem Grüßen
Erwachst und mit Gekose
Im Schoß mir, wo allein du weilst geheime!
Mit deinem Hauch ergießen
Des Himmels reiche Lose
Sich in die Seele mir und minn'ge Träume.

Die heilige Teresa von Avila.

***

I.
Dem Erlöser.

Nicht zwingen, dich zu lieben, Herr! die Freuden
Des Himmels mich, den du versprachst zum Lohne;
Noch Furcht, daß einst im Ort der Qual ich wohne,
Zwingt mich, o Gott! der Sünde Pfad zu meiden.

Du zwingst mich, Herr! mich zwingt dein bitt'res
    Leiden
Am Kreuze, wo du hingst, ein Ziel dem Hohne;
Mich zwingt dein wunder Leib, des Hauptes Krone;
Mich zwingen deine Schmach und dein Verscheiden,

Du, – deine Liebe zwingt das Herz der Treuen,
Auch ohne Himmel ständ' es stets ihr offen
Und ohne Hölle, würd' es, Herr! dich scheuen.
Du kannst, daß es dich lieb', ihm nichts verleihen;
Denn würd' ich, was ich hoff', auch nicht erhoffen
Stets gleiche Liebe würd' ich doch dir weihen.

***

II.
Sehnsucht der Seele nach der
Vereinigung mit Gott.

Ohn' in mir zu leben, leb' ich;
Solchem Leben gilt mein Werben,
Daß ich sterbe im Nichtsterben.

Jene Gottgenossenschaft,
Drin ich lebe, läßt erlangen,
Daß sich Gott mir gibt gefangen,
Während frei das Herz sie schafft;
Aber Gott zu seh'n in Haft,
Läßt mich solches Mitleid erben,
Daß ich sterbe im Nichtsterben.

Ach! wie lang' muß ich mich betten,
Ach! wie hart in fremdem Lande!
O des Kerkers und der Bande,
Die die Seele mir Umketten!
Nur die Hoffnung auf Erretten
Gibt mich Schmerzen heim, so herben,
Daß ich sterbe im Nichtsterben.

Ach! des Lebens voll Gefährden,
Wo man sich des Herrn nicht freut!
Lieb' ist süß, doch Bitt'res beut
Langes Sehnen hier auf Erden;
Nimm, o Gott, mir die Beschwerden,
Die wie Kerkerluft entfärben,
Daß ich sterbe im Nichtsterben.

All' mein Leben ruht alleine
In des Todes Zuversicht,
Weil die Hoffnung mir verspricht,
Daß er mich dem Leben eine;
Lebensbringer, Tod! erscheine!
Durch dich hoff' ich's zu erwerben,
Daß ich sterbe im Nichtsterben.

In mir leb' ich schon nicht mehr
Und kann ohne Gott nicht leben,
Wenn ohn' ihn und mich im Leben
Ich noch weilen sollt, es wär'
Tausendfachen Tod's Beschwer;
Weil ich Leben nur kann erben,
Wenn ich sterbe im Nichtsterben.

Dieses Leben, das ich trage,
Ist am Leben nur Verlust;
Bis ich leb' an deiner Brust,
Sind es stete Todestage;
Hör', o Gott! nun, was ich sage:
Dieses Leben mag verderben,
Daß ich sterbe im Nichtsterben.

Woll', o Leben! doch es leiden;
Sieh'! gewaltig ist die Minne;
Sieh'! auf daß ich dich gewinne,
Tut es Not, von dir zu scheiden;
Komm', o Bote du der Freuden,
Tod, komm schnell, mich zu entfärben,

Daß ich sterbe im Nichtsterben.

Jenes Leben höh'rer Zonen
Ist das Leben nur, das wahre;
Eh' dies Leben auf der Bahre,
Kann nicht Wonn' im Leben wohnen;
Woll', o Tod! mich nicht verschonen,
Lebensanfang ist das Sterben;
Denn ich sterbe im Nichtsterben.

Leben! was kann Gott ich bringen,
Der da lebt in meiner Brust?
Einz'ge Gab' ist dein Verlust,
Um ihn sel'ger zu umschlingen;
Sterbend will ich ihn erringen;
Denn um ihn nur mag ich werben,
Daß ich sterbe im Nichtsterben.

So entfernt aus deiner Näh,
Was kann mir das Leben sein?
Nichts fürwahr, als Todespein,
Wie sie bittrer keiner säh';
Um mich frag' ich Mitleidsweh
Ob den Schmerzen mein, den herben;
Denn ich sterbe im Nichtsterben.

Fischen nicht Erleicht'rung fehlet,
Wenn sie aus den Fluten springen;
Und die mit dem Tode ringen,
Endlich doch der Tod entseelet;
Doch mein Leben, hart gequälet,

Käm' ihm gleich wohl je ein Sterben?
Denn ich sterbe im Nichtsterben.

Wenn mit Trost es mich erquickt,
Dich im Lebensbrot zu sehen,
Fühlt mein Herz nur härt're Wehen,
Weil's kein Vollgenuß beglückt
Und die Sehnsucht stärker drückt,
Ganz dein Anschau'n zu erwerben;
Denn ich sterbe im Nichtsterben.

Wenn, o Herr! mein Herz erfreut
Deines Anschau'ns heilig Hoffen,
Wird's von tief'rem Weh' getroffen,
Weil noch dein Verlust mir dräut,
Da ich leb' in solchem Leid
Und in Hoffnung nur kann werben,
Daß ich sterbe im Nichtsterben.

Nimm mir, Gott, du mein Vertrauen!
Diesen Tod und gib mir Leben;
Laß nicht hemmen mehr mein Streben
Diese Bande, voll von Grauen;
Sieh'! ich sterbe, dich zu schauen;
Ohne dich muß ich verderben;
Denn ich sterbe im Nichtsterben.

Weinen nach dem Tod allein
Will ich, um mein Leben trauern
Inniglich, so lang' es dauern
Muß noch ob den Sünden mein;

O mein Gott, wann wird es sein,
Wann soll wahrhaft ich's erwerben,
Daß ich sterbe im Nichtsterben!

———————

III.
Das durchbohrte Herz.

In des Herzens Tiefe traten
Schwerter mir mit jähen Streichen;
Göttlich war ihr Wappenzeichen;
Denn sie wirkten große Taten.

Wund' hat mir ihr Stoß gegeben;
Aber bringt die Wund' auch Tod
Und der Qualen herbste Not, –
Diesem Tod entkeimt das Leben.

Tötet sie, wie gibt sie Leben?
Wie kann Leben Tod uns schaffen,
Heil erblüh'n aus Todeswaffen,
Tod und Leben sich verweben?

Gottes Macht ist wohlberaten,
Der aus also wildem Ringen
Sich erhebt auf Siegesschwingen
Durch Erwirkung großer Taten.

———————

IV.
An die ewige Schönheit.

Schönheit, deren Sonnenstrahl
Alle Schönheit macht erbleichen!
Ohne Wunden gibst du Qual,
Ohne Qual durch deine Wahl
Muß die Erdenliebe weichen.

Band, das zweier Bündnis schafft,
Die so ungleich sich erweisen!
Warum lösest du die Haft,
Die der Seele gibt die Kraft,
Übel selbst als Gut zu preisen?

Du vermählst, was ohne Sein,
Dem unendlichen; nie endend,
Gehst ins endliche du ein;
Liebest, was für dich nur Schein,
Unser Nichts in Hoheit wendend.

———————

V.

Verse, die die Heilige als Denkzeichen in ihrem Brevier gebrauchte.

Laß nichts dich trüben,
Dich nichts erschrecken,
Vorbei geht alles;
Gott wandelt nie sich;
Geduld erreichet
Das Ziel in allem;
Wer Gott besitzet,
Hat keinen Mangel;
Gott g'nügt alleine.

Inhaltsverzeichnis.

Der heilige Johannes vom Kreuz.

Die heilige Teresa von Avila.

Zu dieser Ausgabe.

Der Text dieses Buches folgt der Ausgabe:
*Sämmtliche Gedichte des heiligen Johannes vom Kreuze und der heiligen
Theresia von Jesus, gesammelt u. übers. von W. Storck. Münster, 1854.*
Der Text wurde in die traditionelle deutsche Rechtschreibung
übertragen, und zum besseren Verständnis für den
heutigen Leser sprachlich bearbeitet.